BEI GRIN MACHT SICH IHR WISSEN BEZAHLT

- Wir veröffentlichen Ihre Hausarbeit,
  Bachelor- und Masterarbeit

- Ihr eigenes eBook und Buch -
  weltweit in allen wichtigen Shops

- Verdienen Sie an jedem Verkauf

Jetzt bei www.GRIN.com hochladen
und kostenlos publizieren

Trainingsplanung für Beweglichkeits- und Koordinationstraining

Alisa Johnson

Bibliografische Information der Deutschen Nationalbibliothek:

Die Deutsche Nationalbibliothek verzeichnet diese Publikation in der Deutschen Nationalbibliografie; detaillierte bibliografische Daten sind im Internet über http://dnb.d-nb.de abrufbar.

ISBN: 9783346656995
Dieses Buch ist auch als E-Book erhältlich.

Druck und Bindung: Books on Demand GmbH, Norderstedt Germany
Gedruckt auf säurefreiem Papier aus verantwortungsvollen Quellen

Das vorliegende Werk wurde sorgfältig erarbeitet. Dennoch übernehmen Autoren und Verlag für die Richtigkeit von Angaben, Hinweisen, Links und Ratschlägen sowie eventuelle Druckfehler keine Haftung.

Das Buch bei GRIN: https://www.grin.com/document/1223451

Hausarbeit

Name, Vorname	Johnson, Alisa-Josephine
Matrikelnummer	
Studiengang	Bachelor of Arts Fitnessökonomie
Studienmodul	Trainingslehre III
Datum Präsenzphase (siehe Ergebnisdokumentation)	28.02.-02.03.2022
Aufgabe	

Inhaltsverzeichnis

1 Personendaten

1.1 Allgemeine und biometrische Daten

Tab. 1: Allgemeine und biometrische Daten der Kundin (eigene Darstellung)

Alter	43
Geschlecht	Weiblich
Körpergröße	1,65 m
Körpergewicht	64 Kg
BMI	23,5 kg/m²
Trainingsmotive	- fit für den Alltag bleiben - Rückenschmerzen im LWS-Bereich beseitigen - HWS- Verspannungen beseitigen
Berufliche Tätigkeit	Bürokauffrau
Frühere sportliche Aktivität	- 1x pro Woche „Bauch-Beine-Po" Kurs je 60 min pro Kurs - 1-2 x pro Woche Walken für 30 Minuten
Aktuelle sportliche Aktivität	- seit ca. einem halben Jahr keine regelmäßige Aktivität - gelegentliche Radtouren bei gutem Wetter, je ca. 50 Minuten pro Tour - 3-4 x pro Monat Schwimmen für je ca. 20 Minuten
Zeitlicher Verfügungsrahmen	Täglich ca. 60 Minuten
Orthopädische Probleme	- leichte Verspannungen im HWS-Bereich - gelegentlich leichte Rückenschmerzen im LWS-Bereich
Internistische Probleme	Keine
Ärztliche Behandlungen	Keine
Einnahme von Medikamenten	Keine
Sonstige gesundheitliche Einschränkungen	Keine

Tab.2: Klassifizierung der BMI-Werte (modifiziert nach der WHO, 2000, S.9)

Klassifizierung	BMI, in kg/m²
Untergewicht	< 18,50
Normalgewicht	18,50 – 24,99
Klassifizierung	BMI, in kg/m²
Übergewicht:	≥ 25,00
Präadipositas	25,00 – 29,99
Adipositas Stufe 1	30,00 – 34,99
Adipositas Stufe 2	35,00 – 39,99
Adipositas Stufe 3	≥ 40,00

1.2 Bewertung der allgemeinen und biometrischen Daten

Aus Datenschutzgründen wird in dieser Hausarbeit für das fiktive Mitglied der Name Frau W. verwendet.

Wie Tabelle 2 zu entnehmen ist, kann Frau W. mit einem BMI von 23,5 kg/m² als normalgewichtig eingestuft werden. Bezüglich des BMI liegen also keine Einschränkungen für die Belastbarkeit der Kundin vor. Der Gesundheitszustand von Frau W. ist fast uneingeschränkt, zu berücksichtigen sind lediglich die leichten Rückenschmerzen und die Verspannungen im HWS-Bereich. Die LWS-Beschwerden sind wahrscheinlich auf die dauerhaft eingeschränkten Bewegungsamplituden, durch ihre sitzende berufliche Tätigkeit zurückzuführen. Frau W. ist daher als relativ gut belastbar einzustufen. Bezüglich der Trainierbarkeit sind gute Voraussetzungen gegeben, da keine gravierenden körperlichen Einschränkungen vorhanden sind. Frau W. wird dennoch als Trainingsanfängerin eingestuft, da sie seit einem halben Jahr keiner regelmäßigen sportlichen Aktivität nachgeht, nur lediglich Rad fährt oder schwimmen geht, und sollte deshalb beim Training nicht überfordert werden.

2 Beweglichkeitstestung

2.1 Manueller Beweglichkeitstest

Tab.3: manueller Beweglichkeitstest der Kundin

Zu testende Muskulatur	Testbeschreibung	Normwerte und Testergebnis
Brustmuskulatur (M. pectoralis major)	Die Kundin liegt in Rückenlage auf einer Behandlungsliege. Die Beine sind zur Fixierung des Beckens angewinkelt und die Fußflächen berühren die Liege. Der Tester fixiert den Thorax	Richtwerte (Janda, 2000, S. 271): Stufe 0: Keine Beweglichkeitsdefizite; Oberarm erreicht die Horizontale; durch leichten Druck des

Zu testende Muskulatur	Testbeschreibung	Normwerte und Testergebnis
	durch leichten Zug mit dem Unterarm in diagonaler Richtung weg von der zu testenden Seite. Der getestete Arm ist im Schultergelenk abduziert und außenrotiert. Das Ellenbogengelenk ist 90° gebeugt. Die Position des Oberarms zur Horizontalen dient als Messbereich. Eine Hyperlordose in der Lendenwirbelsäule oder ein Abheben des Beckens verfälschen das Ergebnis. Selbstverständlich werden beide Seiten getestet.	Testers kann der Oberarm unter die Horizontale bewegt werden. Stufe 1: Leichte Beweglichkeitsdefizite; Oberarm erreicht die Horizontale nicht; durch leichten Druck des Testers kann der Oberarm bis zur Horizontale bewegt werden. Stufe 2: Deutliche Beweglichkeitsdefizite; Oberarm erreicht Horizontale auch durch Druck des Testers nicht. Testergebnisse: Linker Arm: Stufe 0 Rechter Arm: Stufe 0

Zu testende Muskulatur	Testbeschreibung	Normwerte und Testergebnis
Hüftbeugemuskulatur (M. iliopsoas)	Die Kundin liegt in Rückenlage auf einer Behandlungsliege. Das Gesäß befindet sich am Rand der Liege, sodass beide Beine überhängen. Ein Bein wird angewinkelt und von der Kundin so weit wie möglich, an den Körper herangezogen. Eine Unterstützung des Testers ist hierbei möglich. Das andere Bein ist weiterhin im Überhang. Der Tester begutachtet die Hüftflexion des freien, überhängenden Beines. Gemessen wird der Hüftbeugewinkel, also die Position des Oberschenkels im Verhältnis zur Körperlängsachse. Eine Hyperlordose in der Lendenwirbelsäule oder ein Abheben des Beckens verfälschen das Ergebnis. Selbstverständlich werden beide Seiten getestet.	Richtwerte (Janda, 2000, S.259): Stufe 0: Keine Beweglichkeitsdefizite; Oberschenkel erreicht Horizontale; durch leichten Druck des Testers kann Oberschenkel unter Horizontale bewegt werden. Stufe 1: Leichte Beweglichkeitsdefizite; leichte Hüftbeugestellung; durch Druck des Testers kann Oberschenkel bis zur Horizontale bewegt werden. Stufe 2: Deutliche Beweglichkeitsdefizite; Oberschenkel erreicht Horizontale auch durch Druck des Testers nicht. Testergebnisse: Linkes Bein: Stufe 1 Rechtes Bein: Stufe 1
Kniestreckmuskulatur (M. rectus femoris)	Die Kundin liegt in Rückenlage auf einer Behandlungsliege. Das	Richtwerte (Janda, 2000, S.259):

	Gesäß befindet sich am Rand der Liege, sodass beide Beine überhängen. Ein Bein wird angewinkelt und so weit wie möglich zum Körper herangezogen. Der Tester fixiert das Gegenbein im maximal möglichen Hüftextensionswinkel und führt es nun in einen maximal möglichen Kniebeugewinkel. Gemessen wird der Kniebeugewinkel, also der Winkel zwischen Ober- und Unterschenkel. Eine Hyperlordose in der Lendenwirbelsäule oder ein Abheben des Beckens verfälschen das Ergebnis. Selbstverständlich werden beide Seiten getestet.	Stufe 0: Keine Beweglichkeitsdefizite; Unterschenkel hängt senkrecht herab; durch leichten Druck des Testers ist es möglich, die Kniebeugung zu vergrößern. Stufe 1: Leichte Beweglichkeitsdefizite; Unterschenkel ist leicht nach vorne gebeugt; durch leichten Druck des Testers ist es möglich, einen 90° Kniebeugewinkel zu erreichen. Stufe 2: Deutliche Beweglichkeitsdefizite; Unterschenkel ist deutlich nach vorne gestreckt; auch durch Druck des Testers wird 90° Kniebeugewinkel nicht erreicht. Testergebnisse: Linkes Bein: Stufe 1 Rechtes Bein: Stufe 1

| Kniebeugemuskulatur (Mm. ischiocrurales) | Die Kundin liegt in Rückenlage auf einer Behandlungsliege. Das nicht zu testende Bein ist gebeugt im Hüft- und Kniegelenk. Bei gestrecktem Kniegelenk und freier Patella wird das Testbein vom Tester in die maximal mögliche Hüftflexion geführt. Gemessen wird der Hüftbeugewinkel, also der Winkel zwischen Beinachse und Longitudinalachse. Eine Hyperlordose in der Lendenwirbelsäule oder ein Abheben des Beckens verfälschen das Ergebnis. Das Testbein muss unbedingt gestreckt bleiben und das gebeugte Bein darf die Ausgangsposition nicht verlassen. Selbstverständlich werden beide Seiten getestet. | Richtwerte (Janda, 2000, S. 262)

Stufe 0: Keine Beweglichkeitsdefizite; die Flexion im Hüftgelenk ist im Ausmaß von 90° möglich.

Stufe 1: Leichte Beweglichkeitsdefizite; die Flexion im Hüftgelenk ist zwischen 80-90° möglich.

Stufe 2: Deutliche Beweglichkeitsdefizite; die Flexion im Hüftgelenk ist nur unter 80° möglich.

Testergebnisse:

Linkes Bein: Stufe 1
Rechtes Bein: Stufe 1 |
| Zu testende Muskulatur | Testbeschreibung | Normwerte und Testergebnis |

Wadenmuskulatur (Mm. triceps surae)	Die Kundin liegt in Rückenlage auf einer Behandlungsliege. Das Testbein ist gestreckt. Das nicht zu testende Bein steht gebeugt mit dem Fuß auf der Liege. Der distale Teil des Unterschenkels ragt über die Behandlungsliege hinaus. Der Tester greift das Testbein mit der einen Hand distal am Fersenbein. Mit der anderen Hand wird der Fuß von der Fußaußenkante her ergriffen. Der Tester zieht distalwärts an der Ferse. Mit dem Daumen der anderen Hand wird der Vorfuß mit leichtem achsengerechtem Druck zum Schienbein hingelenkt (maximale Dorsalextension). Zur isolierten Testung des M. soleus wird bei maximaler Dorsalextension das Kniegelenk gebeugt und der Tester versucht das Bewegungsausmaß zu vergrößern. Das Testergebnis kann verfälscht werden, wenn der Druck mit dem Daumen in der Mitte der Fußsohle ausgeübt wird. Folge wäre eine reflektorische Anspannung der Mm. triceps surae. Der Druck des Daumens sollte am äußeren Fußrand erfolgen. Selbstverständlich werden beide Seiten getestet.	Richtwerte (Janda, 2000, S. 255) Stufe 0: Keine Beweglichkeitsdefizite; eine Dorsalextension ist mindestens bis zur 0°- Stellung möglich (90° zwischen Fuß und Unterschenkel). Stufe 1: Leichte Beweglichkeitsdefizite; die 0° Stellung wird nicht erreicht; eine Dorsalextension ist aber möglich. Stufe 2: Deutliche Beweglichkeitsdefizite; eine Dorsalextension ist nur bis 10° unterhalb der 0°- Stellung möglich. Testergebnisse: Linkes Bein: Stufe 1 Rechtes Bein: Stufe 0

2.2 Bewertung der Testergebnisse

Frau W. weist leichte Beweglichkeitsdefizite in der Hüftbeugemuskulatur, der Kniebeugemuskulatur, der Kniestreckmuskulatur und linksseitig in der Wadenmuskulatur auf. Lediglich in der Brustmuskulatur sind keine Einschränkungen in der Beweglichkeit vorhanden. Zusammenfassend lässt sich feststellen, dass Frau W. zum Testzeitpunkt Beweglichkeitsdefizite im unteren Teil des Körpers aufweist. Die Beweglichkeit der Kundin ist aktuell in einem geringfügig ausgeprägten Zustand.

Vermutlich sind die Beweglichkeitsdefizite auf Bewegungsmangel und dauerhaft eingeschränkte Bewegungsamplituden durch die sitzende berufliche Tätigkeit zurückzuführen.

3 Trainingsplanung Beweglichkeitstraining

3.1 Trainingsplan Beweglichkeitstraining

Tab.4: Trainingsplanung Beweglichkeitstraining (eigene Darstellung)

Anvisierte Zielmuskulatur	Bewegungsbeschreibung	Dehnformen/ Arbeitsweisen	Belastungsgefüge
Rückseitige Oberarmmuskulatur (M. triceps brachii)	Die Kundin steht im hüftbreiten Stand, Blick ist während der gesamten Übung nach vorne gerichtet.	Passiv, statisch	Dehndauer: 45 Sekunden
	Einen Arm maximal im Ellenbogengelenk beugen und neben dem Kopf fixieren, die Hand dieses Armes liegt zwischen den Schulterblättern auf. Mit der anderen Hand den am Ellenbogen wird der angewinkelte Arm zur Körpermitte gezogen. Die Dehnposition wird gehalten. Die Dehnung wird selbstverständlich auf beiden Seiten durchgeführt.		Satzzahl: 3 Sätze

Dehnintensität: Dehngrenze

Häufigkeit/Woche: Täglich |
| Schulterblattfixatoren (M. trapezius; Mm. rhomboidei) | Ausgangsposition ist ein ca. hüftbreiter Stand. Die Hände werden vor dem Körper verschränkt und in Schulterhöhe nach vorne vor den Körper gestreckt. Die Einnahme der Dehnposition erfolgt indem beide Schulterblätter aktiv nach vorne weg von der Wirbelsäule gezogen werden. Der Kopf wird nach vorne geneigt. Die Schultern bleiben tief. Diese Position wird gehalten. | Aktiv, statisch | Dehndauer: 45 Sekunden

Satzzahl: 3 Sätze

Dehnintensität: Dehngrenze

Häufigkeit/Woche: täglich |

Großer Brustmuskel (M. pectoralis major)	Die Kundin steht im hüftbreiten Stand. Die Hände werden hinter dem Körper verschränkt und die Handinnenflächen zeigen zueinander. Die Körperhaltung ist aufrecht und die Schultern sind tief, dies verändert sich auch während der Dehnung nicht. Die Einnahme der Dehnposition erfolgt, indem die Arme aktiv nach oben angehoben werden. Die Arme werden im Wechsel leicht angehoben und wieder abgesenkt, sodass die Dehnung dynamisch erfolgt.	Aktiv, dynamisch	Dehndauer: 45 Sekunden Satzzahl: 3 Sätze Dehnintensität: Dehngrenze Häufigkeit/Woche: täglich

Anvisierte Zielmuskulatur	Bewegungsbeschreibung	Dehnformen/ Arbeitsweisen	Belastungsgefüge
Nackenmuskulatur (M. traezius pars descendens)	Ausgangsposition ist der hüftbreite Stand. Der Blick ist nach vorne gerichtet. Der Kopf wird zur Seite geneigt. Die Einnahme der Dehnposition erfolgt, indem das zur Kopfneigung gegenüberliegende Schulterblatt aktiv nach unten gezogen wird. Die Dehnposition wird gehalten. Die Dehnung wird selbstverständlich beidseitig durchgeführt.	Aktiv, statisch	Dehndauer: 45 Sekunden Satzzahl: 4 Sätze Dehnintensität: Dehngrenze Häufigkeit/Woche: Täglich
Rückenstrecker (Mm. erector spinae)	Die Ausgansposition ist der Vierfüßlerstand. Zum Einnehmen der Dehnposition wird die Bauchmuskulatur aktiv angespannt und die Wirbelsäule im Rahmen ihres physiologischen Bewegungsspielraums nach oben gewölbt. Anschließend wird die Bauchmuskulatur wieder leicht gelöst und die Wirbelsäule nach unten hingestreckt. Danach wird die Bauchmuskulatur wieder aktiv angespannt und die Wirbelsäule gewölbt. Die Dehnung wird demnach dynamisch durchgeführt.	Aktiv, dynamisch	Dehndauer: 45 Sekunden Satzzahl: 4 Sätze Dehnintensität: Dehngrenze Häufigkeit/Woche: Täglich

11

| Hüftbeugemuskulatur (M. iliopsoas, M. rectus femoris) | Die Kundin befindet sich im Kniestand. Ein Bein wird vor dem Körper auf den Fuß gestellt, sodass das Bein im Kniegelenk gebeugt ist. Der Fuß steht vor dem Knie. Der komplette Unterschenkel und das Knie des hinteren Beines liegen auf dem Boden auf. Die Hände stützen den Oberkörper, indem sie auf das vordere Bein gelegt werden. Die Einnahme der Dehnposition erfolgt durch eine Körperschwerpunktverlagerung nach vorne unten und eine Absenkung des Beckens. Während der gesamten Bewegung bleibt der Oberkörper aufrecht. Der Körperschwerpunkt wird im Wechsel leicht nach hinten oben angehoben und nach vorne unten abgesenkt, sodass die Dehnung dynamisch erfolgt. Die Dehnung wird selbstverständlich auf beiden Seiten durchgeführt. | Passiv, dynamisch | Dehndauer: 45 Sekunden

Satzzahl: 4 Sätze

Dehnintensität: Dehngrenze

Häufigkeit/Woche: Täglich |
| Gesäßmuskulatur (M. glutaeus maximus, M. glutaeus medius, M. glutaeus minimus) | Die Kundin befindet sich in Rückenlage. Ein Bein, dessen Kniegelenk sich in Beugung befindet, wird auf dem Boden aufgestellt. Das andere Bein wird in der Hüfte nach außen rotiert, sodass | Passiv, statisch | Dehndauer: 45 Sekunden

Satzzahl: 3 Sätze |

Anvisierte Zielmuskulatur	Bewegungsbeschreibung	Dehnformen/ Arbeitsweisen	Belastungsgefüge
	der Unterschenkel dieses Beines an der Oberschenkelvorderseite des Stützbeins platziert werden kann. Die Dehnung erfolgt, indem beide Hände das Stützbein an der Oberschenkelrückseite greifen und zum Oberkörper hinziehen. Der Unterschenkel des Stützbeins hängt locker nach unten. Diese Position wird gehalten. Die Dehnung wird selbstverständlich auf beiden Seiten durchgeführt.		Dehnintensität: Dehngrenze Häufigkeit/Woche: Täglich

12

Ischiocrurale Musk (M. biceps femori: semitendinosus, semimembranosus)	Die Kundin liegt in Rückenlage auf dem Boden. Ein Bein liegt nach vorne gestreckt auf dem Boden und die Zehen zeigen zur Decke. Das andere Bein wird mithilfe eines Partners langsam Richtung Brust geführt. Das Kniegelenk bleibt während der ganzen Zeit gestreckt. Als erstes ist die Dehnposition nur leicht. Der zu dehnende Muskel wird im Anschluss in der Dehnposition statisch kontrahiert (ca. 8 Sekunden). Unmittelbar danach wird die Muskulatur komplett entspannt (ca. 2 Sekunden). Danach wird die Dehnposition erneut eingenommen (ca. 15 Sekunden). Der Wechsel zwischen Anspannung und Dehnung wird nun im Wechsel ca. 60 Sekunden lang wiederholt. Das Becken liegt durchgängig auf dem Boden auf und hebt sich nicht ab. Des Weiteren hat auch das am Boden liegende Bein ständig Bodenkontakt. Die Dehnung wird selbstverständlich auf beiden Seiten durchgeführt.	Passiv, postisom etrisch	Dehndauer: Isometrische Kontraktion 8 Sekunden; Entspannung 2 Sekunden; Dehnposition 15 Sekunden Systematischer Wechsel erfolgt über 60 Sekunden Satzzahl: 4 Sätze Dehnintensität: Dehngrenze Häufigkeit/Woche: Täglich
Vorderseitige Oberschenkelmuskulatur (M. quadriceps femoris)	Die Ausgangsposition ist der Stand. Ein Bein wird gebeugt und mit der Hand der gleichen Seite knapp über dem Sprunggelenk umfasst. Die Hand befindet sich auf Höhe des Gesäßes. Die Einnahme der Dehnposition erfolgt durch Kippen des Beckens und indem die Ferse maximal zum Gesäß gezogen wird. Während der Übung sind beide Oberschenkel parallel zueinander. Das Knie des gedehnten Beines zeigt vertikal nach unten. Die Dehnposition wird gehalten. Die Dehnung wird selbstverständlich beidseitig durchgeführt.	Passiv, statisch	Dehndauer: 45 Sekunden Satzzahl: 4 Sätze Dehnintensität: Dehngrenze Häufigkeit/Woche: Täglich
Anvisierte Zielmuskulatur	Bewegungsbeschreibung	Dehnformen/ Arbeitsweisen	Belastungsgefüge

Wadenmuskulatur (M. gastrocnemius, M. soleus)	Die Ausgangsposition ist der Stand. Ein Bein wird gestreckt nach hinten gestellt, die ganze Fußsohle ist auf dem Boden abgesetzt. Das andere Bein ist im Kniegelenk gebeugt und der Oberkörper wird als Verlängerung des hinteren Beines nach vorne gebeugt, sodass der hintere Oberschenkel und der Oberkörper in einer Linie sind. Die Zehen von beiden Füßen zeigen nach vorne. Die Einnahme der Dehnposition erfolgt, indem durch eine Beugung des vorderen Beines der Körperschwerpunkt nach vorne unten verlagert wird. Dies hat eine größere Dorsalextension im hinteren Bein zur Folge. Das vordere Bein wird im Wechsel leicht gestreckt und gebeugt, sodass die Dehnposition im Wechsel gelöst und erneut eingenommen wird. Die Dehnung wird selbstverständlich auf beiden Seiten durchgeführt.	Passiv, dynamisch	Dehndauer: 45 Sekunden Satzzahl: 4 Sätze Dehnintensität: Dehngrenze Häufigkeit/Woche: Täglich

3.2 Begründung Beweglichkeitstraining

Da es unter anderem ein Trainingsmotiv von Frau W. ist, fit für den Alltag zu bleiben, ist das Beweglichkeitstraining für Sie von großer Bedeutung. Gute Beweglichkeit verbessert laut Nelson und Kokkonen (2015, S. v) die Leistungsfähigkeit im Sport und im Alltag. In der vorliegenden Trainingsplanung sind alle wichtigen Muskel-Gelenk-Systeme integriert worden. Um die HWS-Verspannungen zu reduzieren, was ein Trainingsmotiv der Kundin ist, durfte auf eine Dehnung für die Nackenmuskulatur nicht verzichtet werden. Da Frau W. bei der Beweglichkeitstestung unter anderem Defizite in der Kniebeuge-, Kniestreck- und Hüftbeugemuskulatur aufwies wurden speziell für diese Muskulatur

Dehnübungen in den Trainingsplan aufgenommen. Als Ursache für die gelegentlichen Schmerzen im Lendenwirbelbereich werden vor allem die Einschränkungen der Beweglichkeit der unteren Extremitäten gesehen, weswegen auch hier eine Linderung der Schmerzen bei regelmäßiger Durchführung erwartet wird. Alle Parameter des Belastungsgefüges entsprechen dem Optimalprogramm, sodass eine größtmögliche Verbesserung der Beweglichkeit erzielt werden kann. Die unterschiedlichen Satzzahlen lassen sich auf die Beweglichkeitstestung und die Trainingsmotive der Kundin zurückführen. Beispielsweise ist die Satzzahl bei der Dehnung der Nackenmuskulatur erhöht, da es ein Ziel der Kundin ist die Verspannungen im HWS-Bereich zu reduzieren. Auch bei der Wadendehnung beispielshalber wurde die Satzzahl erhöht, da Frau W. linksseitig Defizite in der Beweglichkeit der Wadenmuskulatur aufweist. Bei der Auswahl der Dehnmethoden wurde darauf geachtet jede Dehnmethode mindestens einmal zu verwenden. Nach Olivier, Marschall und Büsch (2008, S. 247) sind zwar keine konkreten Handlungsempfehlungen zum Dehnen für spezifische Zielsetzungen möglich. Allerdings wurde darauf geachtet, das Dehnprogramm für Frau W. relativ abwechslungsreich zu gestalten, da Sie die Übungen täglich durchführt und nicht die Lust verlieren sollte. Für die Dehnintensität wurde die Dehngrenze als Richtwert gewählt (Schönthaler & Ohlendorf, 2002). Diese Grenze zeichnet den Beginn des Dehnschmerzes ab. Eine maximal tolerierbare Schmerzgrenze sollte aus pädagogischer Sicht nicht angestrebt werden.

4 Trainingsplanung Koordinationstraining

4.1 Trainingsplan Koordinationstraining

Tab.5: Bewegungsparameter propriozeptives Training (modifiziert nach Chwilkowski, 2006, S.61; Häfelinger & Schuba, 2007, S.61)

Aufwärmen	5 – 10 Minuten
Gesamttrainingsdauer	10 – 45 Minuten
Haltedauer bei statischen Übungen	5 – 60 Sekunden
Wiederholungszahl bei dynamischen Bewegungsabläufen	5 – 30 Wiederholungen
Sätze/Serien	Bis zu 5 Sätze/Serien
Pausendauer	> 45 Sekunden

Tab.6: Trainingsplanung Koordinationstraining (eigene Darstellung)

Übung	Beschreibung	Belastungsgefüge
Übung 0: Kurzer Fuß nach Janda	Die Durchführung ist barfuß. Die Kundin steht im stabilen, schulterbreiten Stand, die Wirbelsäule ist aufgerichtet und die Knie sind leicht gebeugt. Beide Füße sind gleichmäßig belastet. Ferse, Zehen und Klein- und Großzehballen haben Bodenkontakt. Die Zehen werden leicht gespreizt und das Fußgewölbe hochgezogen. Der Abstand zwischen Vorfuß und Ferse verkürzt sich.	Entfällt, da lediglich Ausgangsposition

15

Übung	Beschreibung	Belastungsgefüge
Übung 1: Verlagerung des Körperschwerpunktes	Ausgangsposition siehe Übung 0. Zusätzlich das Becken durch Anspannen der Bauch-, Rücken- und Beckenmuskulatur in Mittelstellung fixieren. Die Arme hängen seitlich und die Schultern sind leicht nach unten/hinten geschoben. Die Kundin steht auf stabilem Untergrund und ihr Körperschwerpunkt wird abwechselnd in alle Richtungen verlagert. Z.B nach vorne, indem der Oberkörper mit geradem Rücken nach vorne gelehnt wird. Die Füße bleiben fest auf dem Boden und nach jeder Körperschwerpunktverlagerung kommt der Körper erst in die Mitte zurück, bevor er in die nächste Richtung verlagert wird.	Häufigkeit/Woche: Täglich Satzzahl: 3 Sätze Wiederholungen: 8-10 Wiederholungen Satzpausen: 50 Sekunden
Übung 2: Verlagerung des Körperschwerpunktes mit geschlossenen Augen	Durchführung siehe Übung 1, allerdings werden bei dieser Übung die Augen geschlossen.	Häufigkeit/Woche: Täglich Satzzahl: 2 Sätze Wiederholungen: 8-10 Wiederholungen Satzpausen: 50 Sekunden

| Übung 3: Einbeinstand | Ausgangsposition siehe Übung 0. Zusätzlich das Becken durch Anspannen der Bauch-, Rücken- und Beckenmuskulatur in Mittelstellung fixieren. Ein Bein leicht angewinkelt vom Boden abheben. Diese Position halten. | Häufigkeit/Woche: Täglich

 Satzzahl: 3 Sätze

 Belastungsdauer: 30 Sekunden

 Satzpausen: 50 Sekunden |
| Übung 4: Einbeinstand mit geschlossenen Augen | Durchführung siehe Übung 3, allerdings werden bei dieser Übung die Augen geschlossen. | Häufigkeit/Woche: Täglich

 Satzzahl: 2 Sätze

 Belastungsdauer: 30 Sekunden

 Satzpausen: 50 Sekunden |

Übung	Beschreibung	Belastungsgefüge
Übung 5: Einbeinstand mit Beinschwingen	Ausgangsposition siehe Übung 0. Zusätzlich das Becken durch Anspannen der Bauch-, Rücken- und Beckenmuskulatur in Mittelstellung fixieren. Ein Bein anheben und aus dem stabilen Elnbeinstand heraus das freie Bein vor und zurück schwingen. Die Arme schwingen richtungssynchron mit.	Häufigkeit/Woche: Täglich Satzzahl: 3 Sätze Wiederholungen: 8- 10 Wiederholungen Satzpausen: 50 Sekunden
Übung 6: Einbeinstand mit Beinschwingen mit geschlossenen Augen	Durchführung siehe Übung 5, allerdings werden bei dieser Übung die Augen geschlossen.	Häufigkeit/Woche: Täglich Satzzahl: 2 Sätze Wiederholungen: 8 – 10 Wiederholungen Satzpausen: 50 Sekunden

Übung 7: Beidbeinige Standstabilisation auf Therapiekreisel	Zwei Therapiekreisel nebeneinander legen und jeweils einen Fuß mittig auf den Therapiekreiseln positionieren. Wirbelsäule aufrichten, Knie leicht beugen und das Becken durch Anspannen der Bauch-, Rücken- und Beckenmuskulatur in Mittelstellung fixieren. Nun das Gleichgewicht halten.	Häufigkeit/Woche: Täglich Satzzahl: 3 Sätze Bealstungsdauer: 30 Sekunden Satzpausen: 50 Sekunden
Übung 8: Beidbeinige Standposition auf Therapiekreisel mit geschlossenen Augen	Durchführung siehe Übung 7, allerdings werden bei dieser Übung die Augen geschlossen.	Häufigkeit/Woche: Täglich Satzzahl: 2 Sätze Belastungsdauer: 30 Sekunden Satzpausen: 50 Sekunden
Übung 9: Beidbeinige Standposition auf Therapiekreisel mit Ballübergabe über Kopf	Ausgangsposition siehe Übung 7, allerdings wird hier ein Ball als weiteres Hilfsmittel eingesetzt. Nachdem die Standposition eingenommen wurde, wird ein Ball zunächst ca. 5 Sekunden in der einen Hand gehalten, dann	Häufigkeit/Woche: Täglich Satzzahl: 3 Sätze Wiederholungen:
Übung	**Beschreibung**	**Belastungsgefüge**
	über Kopf an die andere Hand übergeben und in der anderen Hand wieder für ca. 5 Sekunden gehalten.	8 – 10 Wiederholungen Satzpausen: 50 Sekunden
Übung 10: Einbeinige Standposition auf Therapiekreisel	Einen Fuß mittig auf einen Therapiekreisel setzen und das andere Bein leicht anheben, sodass das Gleichgewicht lediglich durch das Standbein stabilisiert wird.	Häufigkeit/Woche: Täglich Satzzahl: 2 Sätze Belastungsdauer: 30 Sekunden Satzpausen: 50 Sekunden

18

4.2 Begründung Koordinationstraining

Ein Trainingsmotiv der Kundin ist es, fit für den Alltag zu bleiben, weswegen auch das Koordinationstraining sehr wichtig für Sie ist. Denn ein Hauptziel der Koordinationsschulung ist laut Häfelinger und Schuba (2013, S. 21) die Bewegungssicherung für die Aktivitäten des täglichen Lebens. Da Frau W. als untrainiert einzustufen ist, wird bei dem Trainingsprogramm des Koordinationstrainings darauf geachtet Sie anfangs nicht zu überfordern. Trotzdem sind die Inhalte des Trainingsprogramms, dem Trainingszustand der Kundin angepasst, anspruchsvoll, um eine bestmögliche Verbesserung der Koordination zu erreichen. Beginnend mit einer eher simplen Übung wird Schritt für Schritt, durch veränderte Bedingungen, die Schwierigkeit erhöht. Die Übungen wurden von leicht zu schwierig, von einfach zu komplex, von stabiler zu instabiler Unterstützungsfläche und von Übungen mit offenen Augen zu Übungen mit geschlossenen Augen aufgebaut (Chwilkowski, 2006, S. 56 – 58). Außerdem wurde beispielsweise bei Übung 9 ein Kleingerät, ein Ball, benutzt, um die Übung zu erschweren und eine Steigerung der vorherigen Übung zu erreichen. Übungen auf instabilen Untergründen verbessern die Bewegungssicherheit (Häfelinger & Schuba, 2013, S.8). Weswegen Frau W. auch von den Übungen auf instabilem Untergrund profitieren wird.

In Tabelle 5 wurden die Belastungsparameter modifiziert nach Chwilkowski (2006, S. 61) und Häfelinger und Schuba (2007, S.61) dargestellt. An dieser Tabelle orientierend, wurden die einzelnen Belastungsparameter an den zeitlichen Verfügungsrahmen und den Trainingszustand der Kundin angepasst. Frau W. führt das Koordinationstraining täglich durch. Aufgrund des eher geringen Umfangs passt das Training gut in ihre verfügbare Zeitspanne, gleichzeitig wird sie auch nicht überfordert.

5 Literaturrecherche

Tab.7: Effekte des Dehnens im Hinblick auf eine Verbesserung der sportlichen Leistungsfähigkeit –
Studie 1 (eigene Darstellung)

Titel und Erscheinungsort der Studie	„Acute effects of static stretching of hamstring on performance and anterior cruciate ligament injury risk during stop-jump and cutting tasks in female athletes" Journal of Strength and Conditioning Research, 2017, S. 1241 – 1250
Wer hat die Studie durchgeführt?	Mianfang Ruan, Qiang Zhang, Xie Wu
In welchem Jahr wurde die Studie publiziert?	2017
Welche Forschungsfrage wurde untersucht?	Welchen Einfluss hat das statische Dehnen der hinteren Oberschenkelmuskulatur auf die Leistung und das Verletzungsrisiko des vorderen Kreuzbands bei Stopsprung- und 180°- Cutting Übungen?
Mit welchen Versuchspersonen wurde die Studie durchgeführt?	12 weibliche College-Athletinnen (Alter: 20,8 ± 0,7 Jahre, Größe: 1,61 ± 0,05 m, Gewicht: 54,25 ± 4,22 kg) nahmen an der Studie teil
Wie sah der Versuchsaufbau der Studie aus?	Die Athletinnen führten Stop-Jumps und 180°- Cutting Übungen unter 2 Bedingungen durch: 1. Warm-up mit 4x 30 Sekunden statischem Dehnen der hinteren Oberschenkelmuskulatur 2. Warm-up ohne Dehnen Es wurden dreidimensionale kinematische und kinetische Daten sowie EMG- Messungen des M. biceps femoris, M. rectus femoris, M. vastus medialis und des M. gastrocnemius medialis gesammelt.
Welche relevanten Ergebnisse und Schlussfolgerungen lieferte die Studie?	Statisches Dehnen der Oberschenkelrückseite erhöhte die Sprungkraft um 5,1 %, hatte aber keinen Einfluss auf die Startgeschwindigkeit der Cutting-Übung. Außerdem wurden keine signifikanten Veränderungen der Knie Adduktion oder der Scherkräfte im Schienbein festgestellt. Das Dehnen reduzierte die Scherkräfte im Schienbein während des cuttings signifikant. Die Leistung der Stop-Jumps wurde durch die Dehnung, aufgrund der verminderten Co-Kontraktion von M. quadriceps femoris und M. biceps femoris, verbessert. Es besteht durch das Dehnen kein erhöhtes Risiko für eine Verletzung des vorderen Kreuzbands während Stop-Jumps oder Cutting-Übungen. Des Weiteren wurde sogar die medial-laterale Kniebelastung bei den Cutting-Übungen reduziert. Schlussfolgernd kann man sagen, dass die Durchführung von statischem Dehnen der hinteren Oberschenkelmuskulatur vor einer explosiven Sprungaktivität vorteilhaft ist und Trainer solche Dehnübungen in das Aufwärmprogramm vor explosiven Bewegungen mit einbauen sollten.

Tab.8: Effekte des Dehnens im Hinblick auf eine Verbesserung der sportlichen Leistungsfähigkeit –
Studie 2 (eigene Darstellung)

Titel und Erscheinungsort der Studie	„The effects of a combined static-dynamic stretching protocol on athletic performance in elite Gaelic footballers: A randomised controlled crossover trial" Physical Therapy in Sport, 2017, S. 47 – 54
Wer hat die Studie durchgeführt?	Martin Loughran, Philip Glasgow, Chris Bleakley, Joseph McVeigh
In welchem Jahr wurde die Studie publiziert?	2017
Welche Forschungsfrage wurde untersucht?	Welche Wirkung haben 3 verschiedene statisch-dynamische Dehnungsprogramme auf die Sprint- und Sprungleistung von gaelischen Footballspielern?
Mit welchen Versuchspersonen wurde die Studie durchgeführt?	Mit 17 männlichen, gaelischen Elite- Footballspielem zwischen 18 und 30 Jahren
Wie sah der Versuchsaufbau der Studie aus?	Die Spieler führten die verschiedenen Dehnprogramme vor dem Training durch. Die sportliche Leistung wurde danach gemessen anhand der Sprunghöhe und der Sprungleistung der Counter Movement Jumps. Sowie anhand der Geschwindigkeit bei 10 -, 20-, und 40-m Sprints.
Welche relevanten Ergebnisse und Schlussfolgerungen lieferte die Studie?	Statisches Dehnen reduzierte die Sprintgeschwindigkeit über 40 m um 1,1 % und über 20 m um 1,0%. Statisches Dehnen reduzierte ebenfalls die Sprunghöhe bei den Counter Movement Jumps um 10,6% und die Sprungkraft um 6,4%. Wenn auf das statische Dehnen jedoch ein dynamisches Dehnen folgte verbesserte sich die Sprintgeschwindigkeit über 20 m um 1,0 % und über 40 m um 0,7%. Das statisch-dynamische Dehnprogramm verbesserte ebenfalls die Sprunghöhe der Counter Movement Jumps um 8,7% und die Sprungkraft der Counter Movement Jumps um 6,7%. Schlussfolgernd kann man sagen, dass dem statischen Dehnen ein dynamisches Dehnen während dem Aufwärmen folgen, um die, durch das statische Dehnen verursachten Leistungsdefizite, aufzuheben.

6 Literaturverzeichnis

Chwilkowski, C. (2006). *Medizinisches Koordinationstraining – Verbesserung der Haltungs- und Bewegungskoordination durch Propriozeption* (2. Aufl.). Köln: Deutscher Trainer Verlag.

Häfelinger, U. & Schuba, V. (2007). *Koordinationstherapie – propriozeptives Training* (Wo Sport Spaß macht, 3., überarb. Aufl.). Aachen: Meyer & Meyer.

Häfelinger, U. & Schuba, V. (2013). *Koordinationstherapie – propriozeptives Training* (Wo Sport Spaß macht, 6. Aufl.). Aachen: Meyer & Meyer.

Janda, V. (2000). *Manuelle Muskelfunktionsdiagnostik* (4. Aufl.). München: Urban & Fischer.

Loughran, M., Glasgow, P., Bleakley, C. & McVeigh, J. (2017). The effects of a combined static-dynamic stretching protocol on athletic performance in elite Gaelic footballers: A randomised controlled crossover trial. *Physical Therapy in Sport, 25,* 47 – 54.

Nelson, A. G. & Kokkonen, J. (2015). *Stretching Anatomie: Der vollständig illustrierte Ratgeber für die anatomisch richtige Muskeldehnung und –kräftigung* (5. Aufl.). München: Stiebner.

Olivier, N., Marschall, F. & Büsch, D. (2008). *Grundlagen der Trainingswissenschaft und –lehre.* Schorndorf:Hofmann.

Ruan, M., Zhang, Q. & Wu, X. (2017). Acute Effects of Static Stretching of Hamstring on Performance and Anterior Cruciate Ligament Injury Risk During Stop-Jump and Cutting Tasks in Female Athletes. *Journal of Strength and Conditioning Research, 31* (5), 1241 – 1250.

Schönthaler, S. R. & Ohlendorf, K. (2002). *Biomechanische und neurophysiologische Veränderungen nach ein- und mehrfach seriellem passiv-statischem Beweglichkeitstraining* (Wissenschaftliche Berichte und Materialien / Bundesinstitut für Sportwissenschaft, 1. Aufl.). Köln: Sport und Buch Strauß.

World Health Organization. (2000). *Obesity: Preventing and managing the global epidemic. Report of a WHO Consultation.* Geneva: Technical Report Series 894.

7 Tabellenverzeichnis

BEI GRIN MACHT SICH IHR
WISSEN BEZAHLT

- Wir veröffentlichen Ihre Hausarbeit,
  Bachelor- und Masterarbeit

- Ihr eigenes eBook und Buch -
  weltweit in allen wichtigen Shops

- Verdienen Sie an jedem Verkauf

Jetzt bei www.GRIN.com hochladen
und kostenlos publizieren